SUITE
DE L'EXAMEN CRITIQUE

DE LA

BIOGRAPHIE UNIVERSELLE,

OUVRAGE ENTIÈREMENT NEUF, etc.;

PAR MADAME DE GENLIS.

Il y a des ouvrages qui commencent par A, et qui
finissent par Z; le bon, le mauvais, le pire,
tout y entre.

LA BRUYÈRE.

A PARIS,

CHEZ MARADAN, LIBRAIRE,

RUE DES GRANDS-AUGUSTINS, N°. 9.

1812.

AVERTISSEMENT.

Un des auteurs anonymes de la *Biographie* m'a fait l'honneur de m'écrire, pour réclamer contre une des critiques de ma précédente brochure.

J'ai dit que la famille respectable de MM. Talon n'étoit point éteinte ; l'auteur de l'article que je contredis, me répond que la personne qui a pris ce nom ne le doit qu'à l'adoption. Je suis persuadée qu'il le croit, puisqu'il l'affirme ; mais il peut être dans l'erreur, car on m'assure, d'un autre côté, que la personne qui porte ce nom, dit qu'il lui appartient par sa naissance. C'est un fait sur lequel il ne me convient point de décider, et que l'auteur de l'article peut seul éclaircir publiquement. S'il prouve qu'il ne s'est pas trompé, je me hâterai de reconnoître que ma critique étoit mal fondée ; c'est ce que je ferois pour toute réclamation raisonnable. Le nom de l'auteur de celle-ci, et la lecture des articles estimables qu'il a insérés dans ce Dictionnaire, me feroient remplir ce devoir avec autant de plaisir que d'empressement.

—————

SUITE

DE L'EXAMEN CRITIQUE

DE LA

BIOGRAPHIE UNIVERSELLE,

OUVRAGE ENTIÈREMENT NEUF, etc.

———

Le public a déjà prononcé sur cette nouvelle livraison de la *Biographie*, et ce jugement, comme on sait, n'est pas favorable. Seroit-il trop sévère? c'est ce qu'on va examiner dans cette brochure. Jusqu'ici les auteurs seuls de cet ouvrage ont rendu compte de ces deux derniers volumes, puisque presque tous les journalistes qui en ont parlé dans le *Journal de l'Empire* et dans tous les autres, travaillent à la *Biographie* ; il eût donc été bien injuste d'exiger d'eux une parfaite impartialité : aussi le public ne s'attendoit-il point à la trouver dans leurs extraits ; les ménagemens et les égards de collaborateurs et d'associés devoient naturellement l'emporter sur la modestie personnelle des auteurs.

Toute critique manque d'intérêt lorsqu'elle

est dénuée d'impartialité, et qu'elle n'est point assez généralisée pour donner lieu à des discussions littéraires, et à des observations qui puissent rappeler d'excellens principes oubliés ou négligés. C'est d'après ces idées que j'ai écrit mes brochures précédentes et celle-ci : je m'occupe infiniment plus de la littérature que des littérateurs dont je vais parler.

L'un des plus grands défauts de cette livraison est l'invincible ennui causé par cette foule d'auteurs italiens et anglais sans réputation, sans talent, qui occupent plus de la moitié de ces volumes. Les articles anglais sont moins prodigués, et en général mieux rédigés ; mais la triste abondance des articles des auteurs italiens, donne à l'ensemble de cette livraison la plus fatigante monotonie. La vie de presque tous ces auteurs inconnus n'offrant que des dates et une énumération des mêmes études, et M. Ginguené n'employant presque jamais, dans ces narrations, que les mêmes phrases, on croit, en parcourant ces articles, relire toujours le même sous d'autres noms. En voici quelques exemples :

« Dominique d'Aulizio, etc., s'étant *ap-*
» *pliqué* à l'étude de la grammaire, de la rhé-
» torique et de la poésie, *il fit de si grands*

» *progrès*, qu'à dix-neuf ans il fut choisi pour
» professeur, etc. *Aulizio s'adonna* à l'étude
» des langues orientales.... Il les apprit *si*
» *bien*.... Il *s'appliqua* ensuite, etc. »

« Balbi fit ses études sous d'excellens maîtres,
» qui secondèrent *si bien* ses dispositions na-
» turelles.... *Il s'adonna* ensuite aux mathé-
» matiques, etc. »

« *Aurelio*, après trois ans de repos, *s'a-*
» *donna* à la jurisprudence, etc. »

« *Balbi*.... Il avoit si *bonne* opinion de son
» savoir.... *il fut si* maltraité.... Ce roi *en fut*
» *si* satisfait, etc. »

« *Bartali*.... *s'adonna* pendant plusieurs
» années à l'éloquence de la chaire.... etc. (1) »

Ces articles, toujours rédigés avec ces formes
variées et ces expressions de bon goût, ne
contiennent presque tous, d'ailleurs, que d'é-
normes nomenclatures d'ouvrages aussi obscurs
que leurs auteurs, et sur lesquels M. Ginguené,
en général, ne porte point de jugement, et
dont il ne fait aucune analyse ; de sorte qu'il
seroit permis de croire qu'il s'est contenté d'en
prendre les titres dans des catalogues de livres
italiens. On trouve aussi dans ces articles une

---

(1) *S'adonner à l'éloquence !* Quel style !....

savante chronologie de toutes les époques de
la vie de ces auteurs : voilà ce qui remplit plus
d'un tiers de cette nouvelle livraison. Mais
cette lecture si sèche ne fatigue personne ; car
instruit par les deux premiers volumes de la
Biographie, chaque lecteur a pris l'heureuse
habitude de passer, sans les lire, tous les articles des auteurs italiens peu connus. Je puis
me vanter d'être dans la société l'unique juge
de ces nombreux articles, et d'avoir seule l'a-
vantage de pouvoir profiter de toute l'érudi-
tion qui s'y trouve enfouie.

Dans mes précédentes brochures, j'ai critiqué avec beaucoup de politesse et de ména-
gement les articles de M. Ginguené qui sont
répandus dans les deux premiers volumes de
la *Biographie*. Sur ces observations si modé-
rées, M. Ginguené a fait imprimer, il y a
trois mois, un écrit très-violent, qui n'a pas
encore percé dans le public, mais que je connois, parce qu'il m'a été envoyé. Dans cette
production, M. Ginguené n'essaie même pas
de répondre à mes critiques sur ses jugemens
littéraires, sur ses innombrables fautes de
langage, et sur son style diffus, amphibologique, etc. (1) ; mais il y prodigue les injures avec

____

(1). M. Ginguené n'a tâché de se justifier que d'une

la finesse et le ton léger qu'on lui connoît. Pour moi je continuerai, avec le même calme, à lui donner encore quelques avis, dont peut-être profitera-t-il mieux par la suite. Je commencerai par apprendre à M. Ginguené que l'expression *peu louable* s'applique aux actions et non aux personnes ; on ne dit point d'un homme sans mérite ou sans talent, qu'il est *un homme peu louable*. Si l'on disoit que

seule de mes critiques, et cette justification est si plaisante, que je ne puis m'empêcher de la rapporter ici. Dans ma brochure précédente, je relevois cette phrase inexacte : *Andreini donna des fragmens de sa femme Isabelle* (il falloit dire : *Des fragmens des ouvrages de sa femme, etc.*). M. Ginguené ne défend point cette irrégularité ; mais comme j'ajoutois, en citant sa phrase, que cela *ne vouloit pas dire qu'Andreini eût mis sa femme en pièces*, que cela signifioit qu'*il donna des fragmens de ses ouvrages*, M. Ginguené répond très-sérieusement que le lecteur ne pouvoit s'y méprendre, parce qu'il parle, quelques lignes plus haut (ce que j'ai, dit-il, passé sous silence), des poésies de cette Isabelle, et qu'ainsi le lecteur ne pouvoit croire que cette expression, *des fragmens de sa femme*, signifiât qu'il l'eût mise en pièces ; et là-dessus M. Ginguené se récrie avec véhémence sur ma mauvaise foi. Il y a dans cette comique justification une bonhomie et une simplicité dont il seroit difficile de citer un second exemple.

M. Ginguené est *un auteur peu louable*, on seroit entendu de tout le monde, mais on s'exprimeroit mal. Il ne devoit donc pas, dans l'article *Aviano*, employer cette expression, *des gens peu louables*.

M. Ginguené dit que les deux frères Jérôme et Pierre *Ballerini* travailloient toujours de concert, ensuite il ajoute :

« Ils revoyoient le tout ensemble, et s'ils
» étoient d'avis différent, rien n'étoit défini-
» tivement admis qu'après une discussion quel-
» quefois très-vive, il ne fut revêtu de l'appro-
» bation de tous les deux. »

On voit qu'il n'est pas facile de deviner à quoi se rapporte cette phrase, *il ne fut revêtu*, etc. Tel est constamment le style de M. Ginguené. On doit être content de soi, lorsqu'on saisit promptement le sens des passages de cet auteur, car il faut une grande sagacité pour le comprendre sur-le-champ.

Dans l'article *Bandini*, on trouve le trait suivant :

« Il (Bandini) composa pour le mariage
» de mylord Carteret, un épithalame qu'il
» avoit fait imprimer magnifiquement : il avoit
» sans doute compté sur la générosité anglaise.
» Trompé dans son attente, il dit à la poésie

» un éternel adieu. C'est une épreuve à laquelle
» il ne seroit pas mal que l'on mît de temps
» en temps de prétendus talens poétiques. »

Voilà une anecdote de bon goût, et l'épigramme qui la termine est sans doute fort spirituelle; mais elle est si peu noble, que M. Ginguené auroit dû se la refuser. D'ailleurs, sur
qui tombe-t-elle ? Quels sont, parmi nous, les
poëtes qui font des vers pour des particuliers,
dans l'espoir de recevoir de l'argent ? Dans
quelle société de littérateurs M. Ginguené a-t-il
vu ces bassesses ?

Voici un échantillon de la manière de conter
de M. Ginguené (article *Baretti*) :

« Son oncle le plaça en qualité de secrétaire
» chez un riche négociant : ce négociant avoit
» un associé nommé *Cantoni*, qui étoit poëte.
» Baretti ne lui connoissoit pas ce talent (1),
» et lorsqu'il arrivoit à *Cantoni* de vouloir
» lui dicter des lettres de quelqu'importance,
» il se fâchoit, et répondoit qu'il sauroit bien
» les écrire lui-même. Un jour Cantoni
» tira de son bureau un volume de poésies

______

(1) Le talent, c'est la *poésie*; il falloit dire : Ne sa-
voit pas qu'il fût poëte, on ne lui *connoissoit pas le
talent de la poésie*.

» manuscrites, et les donna à lire aux jeunes
» gens du secrétariat, sans dire qu'elles fussent
» de lui. Baretti les ayant lues à son tour,
» en fit de grands éloges; Cantoni, soit par
» modestie, soit pour s'amuser, soutint qu'elles
» ne valoient rien du tout. Elles sont très-
» bonnes, vous dis-je, répondit Baretti; et
» vous, Monsieur, qui n'êtes pas poëte, vous
» ne devriez point juger de ce que vous n'en-
» tendez pas. Quand cette scène eut assez duré,
» Cantoni se fit enfin connoître : Excusez-moi,
» reprit le jeune étourdi, je ne vous prenois
» pas pour un homme d'esprit ; vous pourrez
» désormais, quand il vous plaira, me dicter
» mes lettres. »

Qu'il y a de grâce et d'esprit dans cette réponse, qui mérite si bien de passer à la postérité ! Et comme cela est conté ! on croit entendre madame de Sévigné ! Quelle finesse !
quelle légèreté ! il semble que la chose soit ar-
rivée à l'auteur, tant il la conte naturellement, et qu'on lui ait dit à lui-même : « Excu-
» sez-moi, je ne vous prenois pas pour un
» homme d'esprit. »

Dans ce même article, M. Ginguené dit en
parlant de ce Baretti : « On lui prête des opi-
» nions peu favorables à quelques écrivains.

» français : il traitoit, dit-on , de rêveries les
» idées de J. J. Rousseau ; il appeloit *Philo-*
» *sophisme* notre philosophie, et prétendoit
» qu'elle ne pouvoit en imposer qu'aux femmes-
» de-chambre. »

Quand M. Ginguené appelle la philosophie
du dix-huitième siècle, *notre philosophie ,*
au nom de qui parle-t-il ? car cette philosophie, heureusement très-surannée et passée
de mode, n'est nullement aujourd'hui celle
des Français, ni même celle des gens de lettres.
Notre philosophie est beaucoup plus simple :
fondée sur des principes de morale aussi anciens que le monde, elle est si invariable et si
pure, que ses disciples n'ont besoin ni de se
concerter ensemble, ni même de se connoître
et de se voir, pour parler et pour écrire avec un
parfait accord. Leur code antique et sacré leur
commande surtout la soumission aux lois,
l'obéissance au souverain, l'amour de la patrie,
l'humanité, l'indulgence, la charité sans bornes,
le pardon des injures. Il leur commande encore toutes les vertus élevées, le noble empire
sur eux-mêmes, sur leurs passions ; le mépris
de la mort, et le courage qui fait les grands
hommes et les héros. Il leur dit : « L'homme
» sage est vaillant, l'homme habile est fort et

» résolu. *Proverbe de Salomon, chap. 24.* »

Il ne sortira jamais de cette école des gens de lettres assez mauvais citoyens, pour flatter et pour louer sans cesse, aux dépens de leur propre nation, les ennemis de leur pays. Cette basse et honteuse manie auroit suffi seule pour dégoûter des Français de cette fausse philosophie (1). Enfin, les gens de lettres, disciples de la véritable philosophie, ont trop d'élévation dans l'âme, pour ne pas aimer la liberté ; mais il ne la confondent point avec la licence : ils obéissent sans effort à celui qu'ils admirent et qu'ils chérissent, à celui dont le bras invincible, avec la rapidité d'un pouvoir surnaturel, a relevé l'autel, le trône, et rétabli sur leurs vrais fondemens, l'ordre, la décence, la morale, en donnant en même temps à la nation et à la valeur française, plus d'éclat et plus d'exploits à citer, que l'histoire n'en a pu recueillir des règnes réunis de Charlemagne, de Henri IV et de Louis XIV. Ils savent que la tyrannie ne peut exister dans un gouvernement plein de

----

(1) Quelques écrivains cependant restèrent irréprochables à cet égard, entr'autres M. Suard, qui, par sa critique ingénieuse et spirituelle du *Voyage en France* de Smollet, vengea les Français des injustes satires de cet Anglais.

force, de puissance et de gloire ; ils savent que le souverain voit tout, entend tout, et qu'il est le réparateur des injustices particulières, ainsi que des abus publics. Ainsi donc, ils ont applaudi aux mesures prises pour l'établissement d'une sage censure, qui ne peut s'exercer que sur les choses qui seroient *contraires au gouvernement, au bien de l'état et au respect dû au souverain* (1). Les gens de lettres ont donc toute la liberté légitime que la raison peut désirer. La censure n'a aucune espèce de prise sur leurs opinions et sur leurs discussions purement littéraires; ils peuvent, en toute liberté, critiquer tous les ouvrages de littérature livrés au public. Un censeur n'a pas le droit de supprimer, de corriger, de retrancher ou de changer un mot de leurs critiques sur des livres imprimés, ces critiques fussent-elles absurdes. Cette liberté doit suffire à des littérateurs, nous n'en demandons point d'autre.

Revenons aux articles de M. Ginguené, dans celui d'un religieux nommé *Barlaam*, qui adopta des erreurs qu'ensuite il rétracta. M. Ginguené dit qu'on a prétendu qu'il y avoit

____

(1) Uniques et propres expressions de l'instruction imprimée donnée aux Censeurs.

eu deux Barlaam, et il ajoute : « Cette opinion
» fait trop d'honneur à ce moine et aux gens
» de sa sorte, qui ne se font aucun scrupule de
» penser ou d'écrire qu'ils pensent dans les
» différentes circonstances de leur vie ce qui
» convient le mieux à leurs intérêts. Article
» *Barlaam*, *Tome III*, *page* 382 (1). »

Il est permis de *penser* et *d'écrire* que cette
phrase, des gens *qui ne se font aucun scru-*
pule de penser qu'ils pensent ce qui con-
vient le mieux à leurs intérêts, est certainement la phrase la plus originale que l'on puisse
trouver dans la *Biographie* universelle.

D'ailleurs, pourquoi insulter ainsi, par une
accusation si formelle et si odieuse, tous les
religieux et *tous les gens de leur sorte ?* surtout lorsqu'il seroit si facile de prouver le contraire par tous les faits historiques. Des multitudes de solitaires et de missionnaires, des mil-
liers de martyrs de la foi, qui tous étoient des
moines ; les savans Bénédictins, aux travaux
desquels les lettres doivent tant de reconnois-
sance ; les grands hommes qu'on appelle les
Pères de l'Eglise, étoient aussi des *moines* ;

____

(1) Ce passage est si extraordinaire, que j'ai cru devoir l'indiquer avec un soin particulier.

et qui les a jamais accusé d'imposture et de lâcheté ? On pourroit plutôt reprocher à quelques - uns d'entr'eux d'avoir eu sur des ma-
tières qui n'intéressoient pas véritablement la
religion, de l'obstination et de l'entêtement. C'est
donc bien gratuitement que M. Ginguené , dans
un langage qui n'appartient qu'à lui , les accuse d'une telle bassesse. Il est fâcheux de trouver dans un ouvrage aussi grave , des jugemens
aussi répréhensibles.

Les jugemens littéraires du même auteur
sont (ainsi que dans la première livraison.)
tout aussi étranges dans leur genre; il dit de
Beregani « que ses poésies abondent en pen-
» sées peu naturelles, en figures outrées et en
» exagérations , et qu'elles *ne manquent ni
» de facilité , ni d'élégance.* »

Le mauvais goût exclut l'*élégance ,* et il est
impossible d'avoir de la *facilité* quand on
manque de naturel.

Voici encore une épigramme de M. Ginguené :

« Bianchini.... dans la seconde édition.....
» a joint une dissertation italienne sur l'*hypo-
» crisie des gens de lettres,* où il dévoile avec
» une simplicité un peu maligne l'art qu'em-
» ployent quelques petits hommes pour pa-

» roître grands ; mais il paroît que depuis 1724,
» où sa dissertation fut écrite, cet art a fait
» de grands progrès. »

Quels sont donc les *petits hommes* qui ont
perfectionné cet art ? M. Ginguené ne les
nommera pas ; on peut hardiment le défier de
les désigner. Il n'en existe point de tels ; non,
cet art prétendu est toujours aussi imparfait
que méprisable, parce que les sots ne peuvent
rien perfectionner. Comme les castors d'aujour-
d'hui ne bâtissent pas mieux que ne bâtissoient
les castors il y a mille ans ; ainsi les pauvres
auteurs que M. Ginguené appelle si élégam-
ment des *petits hommes,* ne sont pas plus
habiles que ne l'étoient les Thersites et les
Zoïles de l'antiquité ; ils sont parfaitement ap-
préciés par le public que l'on ne séduit point
sans quelques qualités brillantes, et qui n'est
jamais la dupe des charlatans qui l'ennuient.

L'article *Bocace* est un des plus curieux de
ce Dictionnaire ; M. Ginguené y conte que
Bocace *montra, dès ses premières années,*
un goût déclaré pour la poésie (1), et qu'ensuite il *eut une part très-douce* aux bonnes

____

(1) Montrer un goût *déclaré !* comment *montreroit-*
on un goût sans le *déclarer ?*

grâces d'une fille naturelle du roi Robert....; qu'il eut à Certaldo une longue et *dégoûtante maladie*, qu'il y mourut en 1375. M. Ginguené dit que Bocace *étoit né poëte*. Deux lignes plus bas, il ajoute que *tout ce qu'il a écrit en vers est médiocre*, que plusieurs de ses ouvrages en prose le sont aussi, qu'il n'est supérieur et inimitable que dans ses Nouvelles; qu'il eut cependant *l'erreur de croire que ses ouvrages sérieux seroient la source de sa gloire*. Après tout ceci, M. Ginguené nous donne six mortelles colonnes qui contiennent la plus fastidieuse énumération de tous les mauvais ouvrages de Bocace; ouvrages qu'il n'a pas lui-même *l'erreur de croire* dignes d'être lus: ensuite trois colonnes et demie des éloges les plus emphatiques et les plus outrés du recueil licencieux intitulé les *Cent Nou-velles*, terminent cet étonnant article, qui en tout est de quinze colonnes. Si un auteur, qui n'a montré du talent que dans le genre le plus facile et le plus licencieux, occupe dans ce Dictionnaire une telle place, combien faudra-t-il donc de pages pour faire l'article du Tasse? apparemment une centaine au moins. L'article *Bocace* de l'ancien Dictionnaire est, sans aucune comparaison, meilleur que celui de M. Ginguené (et cet éloge n'est assurément pas emphatique); cet article a le mérite d'être écrit simplement, correctement, et avec une telle précision, que tout ce que contient de faits celui de M. Ginguené, s'y trouve sans aucune omission, et il n'a que trois colonnes. M. Ginguené, au commencement de son article, s'écrie, avec cette véhémence foudroyante que lui donne la colère, que Bocace étoit fils naturel d'un marchand florentin, et non fils d'un paysan, *comme on l'a dit dans l'étrange ramassis d'erreurs que l'on ose intituler* Dictionnaire historique; ensuite il ajoute : *c'est la seule faute que nous prendrons la peine d'y relever au sujet de Bocace, dont l'article n'y est presque en son entier qu'une bévue.* Dans ce cas, l'article de M. Ginguené n'est aussi *en son entier qu'une bévue* ; car à l'exception de la prolixité du style et de la pompe des éloges donnés à Bocace, il contient exactement les mêmes choses sans aucune différence : ce que tout lecteur peut vérifier, je ne dirai pas sans peine, puisqu'il faudra lire quinze colonnes de M. Ginguené, mais du moins avec certitude.

Voici encore quelques exemples du goût et du style si pur et du bon ton de M. Ginguené : il nous apprend que *Benzio étoit contrefait, velu, qu'il avoit de longues dents,* mais que *du reste il étoit bon vivant ;* il nous dit que Benvenuti avoit fait une dissertation savante, mais qu'étant tombé malade *au moment où elle n'étoit pas finie,* etc. Il faut apprendre à M. Ginguené qu'*au moment* désigne un point fixe, et non un temps indéterminé : *au moment où il parut., au moment du départ,* etc., et non, au moment où l'*impression d'un livre n'est pas finie,* parce que ce travail peut durer long-temps encore.

En parlant de *Bembo, qui avoit acquis la faveur du prince Alphonse d'Est,* il dit finement que *Bembo s'avança dans les bonnes grâces de Lucrèce Borgia, autant et d'une autre manière que dans la faveur d'Al-phonse.* « Il *se forma* (dit M. Ginguené) une
» *abondante* bibliothèque.........; il résolut de
» se fixer à Padoue, dont l'air lui convenoit
» *admirablement* ......: tous *les bonheurs*
» lui arrivoient à la fois ; il venoit d'être nom-
» mé secrétaire du souverain pontife, lors-
» qu'il fit la connoissance d'une *jeune et jolie*
» *fille,* appelée Morosina, qui vécut avec lui
» pendant vingt-deux ans dans la *plus douce*

» *intelligence* . . . . ; il fut choisi pour con-
» tinuer l'histoire de Venise ; il accepta , quoi-
» que avec quelque répugnance , *à cause*
» *du sacrifice qu'il lui faudroit faire* (1)
» de travaux qui lui plaisoient davantage . . . .
» Clément VII ayant résolu de nommer plu-
» sieurs cardinaux. . . ., jeta les yeux sur le
» Bembo qui n'y pensoit pas ; mais il ne man-
» qua point d'ennemis qui représentèrent au
» pontife la nature de ses écrits, *et* surtout
» de ses poésies , *et* la liberté de ses opinions
» sur certains points, *et* sa vie , plus digne
» d'un païen ou d'un héritique que d'un
» chrétien , *et* sa concubine , *et* leurs enfans,
» *et* enfin, tout ce qu'ils purent pour lui *en-*
» *lever* (2) cette faveur. . . . . . . Le pape le
» nomma enfin le 24 mars 1539 ; Morosina
» étoit morte le 13 août 1535, et le Bembo
» *en avoit près de soixante.* »

Soixante quoi? Le mot *année* n'est pas
prononcé. Il faut avoir bien peu d'idées de
bienséance pour conter avec un tel ton, dans

____

(1) Tome 4, page 142, seconde colonne.

(2) On *n'enlève* à un homme que ce qu'il possède,
et il n'étoit point cardinal ; il ne fut pas même nommé
à cette promotion.

un ouvrage si sérieux, des anecdotes scanda-
leuses !!Ce même article est écrit dans l'ancien
Dictionnaire avec autant de décence que de
précision. « On admira (dit ce Dictionnaire)
» la douceur de ses vers (de Bembo) ; mais on
» le blâma d'avoir mis dans ses ouvrages la
» licence qui déshonoroit alors sa conduite. »

C'est ainsi que, dans un grave dictionnaire
fait pour instruire la jeunesse, on doit parler
d'un poëte licencieux et d'un homme qui en-
tretenoit publiquement une courtisanne.

Le jugement littéraire de M. Ginguené sur
cet auteur, mérite aussi quelques observations.
Il dit qu'en répétant sans cesse, d'après le père
Niceron, « les critiques de ses expressions ci-
» céroniennes, on prouve seulement qu'on est
» hors d'état d'en juger soi-même. »

M. Ginguené n'entre à cet égard dans nul
autre détail, il ne cite aucune de ces expressions
cicéroniennes. On doit donc croire qu'elles
sont bonnes et raisonnables ; mais s'il se trouvoit qu'elles fussent extravagantes, M. Ginguené seroit donc un très-mauvais juge ? L'ancien Dictionnaire cite ces expressions ; écou-
tons-le :

« Par un pédantisme puéril, il faisoit dire
» au pape, annonçant sa promotion aux rois,

» et aux princes, qu'il avoit été créé pontife
» par les décrets *des dieux immortels*. Il ap-
» peloit Jésus-Christ *un héros*, et la Sainte-
» Vierge *une déesse*, *Dea Lauritana*. L'ex-
» communication n'est désignée chez lui que
» sous le nom *d'aquæ et ignis interdictio.*
» Sa manie de ne s'exprimer jamais qu'en
» termes cicéroniens, rend son style souvent
» affecté et obscur. Pour se conformer aux
» désignations anciennes, il appelle le Grand-
» Turc, *le roi des Thraces*, etc. »

Voilà des faits très-curieux sur le mauvais
goût de ce temps ; et ces détails méritoient
mieux d'être placés dans la *Biographie*, que
ceux *des bonheurs* procurés à Bembo par sa
vie licencieuse et *sa douce intelligence* avec
sa maîtresse. Je ne connois point les éditeurs
de l'ancien Dictionnaire, je n'ai jamais eu avec
eux la moindre liaison ; mais j'estime leur ouvrage, parce qu'il est écrit avec sagesse, simplicité, décence, précision ; et qu'on peut,
non-seulement sans inconvénient, mais avec
fruit, le mettre entre les mains de la jeunesse.

M. Ginguené (article *Beltrami*) dit, au
au sujet d'un académicien qui avoit publié un
écrit sous un nom supposé, que c'étoit *un*

délit de lèse - loyauté (1), contre lequel s'éleva Beltrami ; et là-dessus l'auteur fait cette réflexion :

« Aujourd'hui, il faudroit bien qu'il prît
» patience, et qu'il se bornât à faire, en se
» nommant toujours, la censure des ano-
» nymes, et *qui pis est,* des pseudonymes
» dont il se verroit entouré. »

Cela est profond, et ce mot, *qui pis est, des pseudonymes ,* est bien malin ; car il est évi-dent qu'il tombe sur les journalistes, dont presque tous les articles sont signés par de fausses lettres initiales. Pour dire *un bon mot,* M. Ginguené ne ménage rien ; amis, ennemis, tout y passe.

Voici du même auteur un passage d'une philosophie bien austère, article *François Berni.*

« Il se retira dans cette ville (Florence)
» pour y vivre dans une indépendante et hon-
» nête médiocrité ; mais la faveur des grands,
» *qu'il eut la foiblesse de rechercher,* où

---

(1) Jolie expression qui, sans doute, va devenir à la mode ; ainsi, on dira un délit de *lèse-pudeur,* un délit de *lèse-vérité,* etc. ; et voilà comme les bons écri-vains enrichissent leur langue.

» *qu'il n'eut pas le bonheur d'éviter*, le
» mit dans une position difficile, etc. »

Ainsi *les grands*, avertis par cette phrase
sévère, ne *rechercheroit* désormais qu'en
tremblant M. Ginguené, qui trouve qu'il est
si heureux de *pouvoir éviter leur faveur*. Cependant, en général, le défaut des grands
n'est pas de se jeter à la tête des gens de lettres,
de les prévenir, de les poursuivre de manière
qu'ils ne puissent échapper au malheur d'en
être protégés et comblés de faveurs non solli-
citées ou désirées. Il semble que, sans avoir une
destinée fort extraordinaire, chaque auteur
peut assez facilement se mettre à l'abri de leurs
importunités dans ce genre.

Les articles de M. Ginguené, toujours si diffus,
sont encore excessivement alongés dans ces
deux derniers volumes, par des satires con-
tinuelles de l'ancien Dictionnaire. Comment
M. Ginguené n'a-t-il pas senti, 1°. que la bienséance ne permet pas de parler avec un extrême
mépris d'un ouvrage qui a eu *treize éditions*,
et qui se trouve en concurrence avec celui auquel on travaille ? Cette rivalité suffisoit seule
pour imposer silence ; 2°. que des injures gros-
sières que tout homme bien élevé doit, dans tous
les cas, s'interdire, sont doublement ridicules,

déplacées et répréhensibles dans un livre volumineux, instructif et sérieux ; et 3°. que cette
grossièreté décèle une animosité, une colère,
une fureur qui ôtent absolument toute espèce
de poids aux critiques ? Qui pourroit attendre
une lueur d'impartialité de la haine ouverté-
ment déclarée, et qui ne s'exprime que par des
invectives ? Quand M. Ginguené cite cet ouvrage rival, il ne l'appelle que ce *beau Dictionnaire, cette collection grotesque de qui-
proquos, ce ramassis de bévues, que l'on ose
appeler Dictionnaire* ! etc. On ne citera à ce
sujet, qu'un article énigmatique, une espèce de
logogryphe qui fera juger du ton, du bon goût
et de la politesse de M. Ginguené, article *Birago*. L'ancien Dictionnaire dit que Birago,
dans un de ses ouvrages, assure que *la Gerusalemme Conquistata* appartient au Tasse, ainsi
que la *Gerusalemme Liberata ;* et là-dessus
M. Ginguené, hors de lui, s'écrie : « Quel-
» qu'un a-t-il jamais nié que cette Gerusa-
» lemme lui appartînt comme l'autre ! Quel
» guide pour la critique et pour la biblio-
» graphie, qu'un livre où l'on trouve à tout
» moment des âneries pareilles (1), et cela

______

(1) Quel guide pour la critique et pour la *Biographie universelle,* qu'un auteur qui emploie de telles
expressions !

» ose faire du bruit ! et cela prétend qu'on
» le pille ! et cela va prendre des traits à l'Ar-
» sénal, pour les décocher contre la *Biogra-*
» *phie universelle* ! Ces traits, et le digne ob-
» jet pour lequel on nous les lance seront bientôt
» oubliés (1) ; et sans la peine que nous pre-
» nons de relever de temps en temps quel-
» ques-unes de ces innombrables bévues, on
» ne croiroit pas, qu'au dix-neuvième siècle,
» il ait pu être écrit, imprimé et prôné rien
» de pareil. *Tome IV, p. 507.* »

En effet, l'éclatante célébrité de M. Ginguené, la *peine qu'il prend de relever* ces
bévues, ses critiques éloquentes et délicates, en
perpétueront à jamais le souvenir. Il est cer-
tain que tous ceux qui liront ce paragraphe,
s'écrieront aussi, qu'il est bien étonnant qu'au
dix - neuvième siècle, on ose écrire et faire
imprimer de telles choses ! Au reste, dans tous
les temps, il y aura des auteurs sans talent,
sans connoissance du monde et des bienséances ; mais une réflexion devroit du moins les
empêcher de calomnier d'une manière absurde
ceux qu'ils haïssent : c'est que pour se venger

____

(1) Et l'on se souviendra éternellement de M. Ginguené.

d'eux , il suffira toujours de les citer. Les passages fidèlement copiés, extraits de leurs ouvrages , seront la plus sanglante satire que l'on puisse faire de leur esprit et de leur goût.

Il faut convenir que tous les articles d'autres auteurs que l'on peut critiquer dans la Biographie , sont pleins de finesse d'esprit, et d'un ton parfait, en les comparant à ceux de M. Ginguené. Aucun autre auteur ne se permet ces indécentes invectives contre l'ancien Dictionnaire. Aucun autre homme de lettres n'est capable de se rabaisser assez pour se servir des termes ignobles de *ramassis , d'âneries ;* etc. qu'on n'a pu entendre qu'en passant dans les rues, et qu'on n'a jamais lus que dans les ouvrages de M. Ginguené (1). M. Ginguené est , sans exception, le seul des auteurs de ce Dictionnaire qui ne sache pas que ces basses expressions *d'ânes , d'âneries,* etc., ne peuvent être employées que par des gens entièrement dépourvus d'éducation. Il est assez plaisant que, dans la même livraison , deux collègues de

---

(1) C'est ce même auteur qui, pour dire des *gens de même espèce* , dit *des gens de même farine.* Voyez ma précédente brochure , sur les deux premiers volumes de la *Biographie.*

M. Ginguené (M. Tarabaud et Beuchot) fas-
sent eux-mêmes la critique de cette grossièreté,
dans l'article de *Baillet*. Un critique « *l'at-*
» *taqua* (disent - ils) par des épigrammes
» *dont on peut apprécier le ton* par le titre
» de l'une d'elles, *asinus in parnasso.* » Cette
phrase, *dont on peut apprécier le ton,* dit
parfaitement qu'une seule expression si grossière doit faire juger que l'auteur n'avoit ni
goût, ni esprit, ni talent. Ainsi, malgré le
parfait accord des collaborateurs qu'on nous
vante tant dans le prospectus, voilà M. Ginguené très-sévèrement jugé, sinon par *ses*
pairs, du moins par ses collègues ; ce qui
prouve qu'il ne faut s'associer qu'à *des gens*
de même farine que soi (1). Plusieurs articles de M. Suard sont dignes d'éloges, entr'autres, celui du célèbre Bacon ; mais on ne
sait pourquoi l'auteur y cite comme un mot
heureux d'Horace Walpole, une phrase qui
(du moins dans sa traduction) est tout à fait
vide de sens. Horace Walpole a dit que *Bacon*
a été le prophète des vérités que Newton est
venu ensuite révéler aux hommes. Comme
il est impossible d'être le *prophète* d'une vé-

____

(1) Phrase, comme on sait, de M. Ginguené.

rité, sans *la révéler*, ce mot ne signifie rien du tout. On lit ce paragraphe dans l'article *Barlow* : « L'une de ses leçons roule sur la » fameuse question *s'il vaut mieux ne pas* » *vivre, que de vivre malheureux*. Il pense » qu'il vaut mieux ne pas exister. Il est vrai- » semblable que presque tous les hommes qui » examineront de sang-froid cette question, la » résoudront de même. » Cette question , comme la pose M. Suard, ne signifie absolu- ment rien. Car, s'il ne s'agit que d'une opinion générale, tout le monde décidera qu'il vaut mieux ne pas exister ; mais voici ce qui peut faire une question : *s'il vaut mieux n'avoir point reçu l'être, que de l'avoir reçu pour vivre malheureux.* Là-dessus, les avis seront partagés : tous les impies soutiendront qu'il vaut mieux n'avoir point reçu l'être ; mais tous ceux qui ne considèrent la vie que comme un passage fait pour conduire à une éternité de bonheur, regarderont l'existence la plus infor- tunée comme un bienfait inappréciable.

Au sujet de Josué *Barnes*, M. Suard se permet une moquerie qui n'est ni fondée, ni morale. Barnes étoit un théologien anglais très-pieux et très-charitable.

« Persuadé (dit M. Suard) que nos chari-

» tés nous sont remboursées dès ce monde
» avec usure, il donna un jour son habit à un
» pauvre; et il prétendoit, dans ses marchés
» avec la Providence, avoir toujours gagné à
» ces sortes de générosités (1). C'étoit proba-
» blement dans le même esprit qu'il avoit soin
» de dédier toujours ses ouvrages à des per-
» sonnes du plus haut rang. »

Il est peu digne d'un écrivain aussi estimable que M. Suard, de tourner en ridicule une action de charité toujours touchante par son résultat : c'est une mauvaise entreprise que celle de vouloir faire rire aux dépens d'un homme qui se dépouille pour un pauvre. Il est étrange de trouver un sujet de blâme dans l'idée si naturelle que Dieu récompense les bonnes actions. Il seroit difficile de prouver non-seulement que cette opinion est fausse et dangereuse, mais qu'elle n'est pas très-utile ; et prétendre que le sentiment religieux qui porte à faire le bien, dans la vue de se rendre digne

____

(1) Cette phrase est très-irrégulièrement construite; il falloit : *Il prétendoit que dans ses marchés avec la Providence, il avoit, etc.* La phrase seroit régulière, mais la plaisanterie sur la Providence et sur une au-mône n'en seroit ni moins froide, ni moins déplacée.

de la protection divine, doit aussi porter à flatter les grands de la terre, est assurément une conclusion aussi bizarre que surprenante.

Voici encore une de ces phrases irrégulières, qui s'échappent trop souvent d'une plume aussi exercée que celle de M. Suard.

Barry fit un livre plein de fables et d'erreurs, et M. Suard ajoute :

« Barry fut accusé, pour lui donner plus de » prix, d'avoir détruit plusieurs chroniques » irlandaises. »

Il falloit dire : Barry fut accusé d'avoir détruit plusieurs chroniques irlandaises pour donner plus de prix à cet ouvrage.

Dans l'article de *Baskerville*, M. Suard auroit dû supprimer un long passage du testament de cet anglais, qui ne contient que des blasphêmes exécrables contre la religion. Il est vrai qu'après cette longue tirade des impiétés les plus révoltantes, M. Suard a dit : *toute réflexion sur cet indécent galimatias seroit superflue:*

Tout est absurde et faux dans cet infâme discours, mais on n'y trouve point ce qu'on appelle proprement *galimatias:* l'impiété la plus effrontée s'y exprime très-clairement et très-nettement, et avec toutes les belles phrases sur la vertu qu'on a vues dans tant d'autres livres. M. Suard auroit dû citer l'ouvrage anglais où se trouve ce testament : sa traduction est-elle bien fidèle ? Il est permis de se méfier de sa mémoire, en ce genre, après la fausse citation que j'ai relevée dans ma précédente brochure, à l'occasion de son article *Ainsworth*.

Dans l'article de Marguerite Beaufort, mère de Henri VII, M. Suard dit que cette pieuse princesse consacra sa vie entière à des œuvres de charité, et à des fondations utiles ; que l'université de Cambridge lui doit ses colléges du Christ et de Saint-Jean, et une partie de l'éclat dont elle jouit ; qu'elle avoit recueilli dans sa maison douze pauvres vieillards qu'elle nourrissoit et qu'elle soignoit dans leurs maladies. Cette même princesse voyoit à regret les Turcs en Europe, et désiroit une croisade contr'eux. Cette idée scandalise beaucoup M. Suard. Il est vrai qu'il prétend que la princesse répétoit que si la croisade avoit lieu, *elle suivroit gaîment l'armée en qualité de blanchisseuse.* M. Suard est-il bien sûr que la *princesse* ait dit cela sérieusement ? Quoi qu'il en soit, M. Suard nous apprend qu'un écrivain anglais (qu'il ne nomme point) fait, sur ces paroles de

Marguérite Beaufort, cette réflexion, que M. Suard veut bien appeler *très-sévère*.

« Quand on voit, dit-il, la folie et le fana-
» tisme, sous le masque vénérable de la religion
» et de la vertu, exercer un tel ascendant sur
» les âmes les plus pures, et *corrompre les*
» *plus nobles caractères*, la raison rougit,
» et l'humanité verse une larme. »

Je demanderai encore si la traduction est bien fidèle. M. Suard, après avoir sans doute *versé une larme* sur *la corruption* du caractère de l'illustre et bienfaisante fondatrice des principaux colléges de Cambridge, la garde-malade et l'amie de la vieillesse abandonnée, la mère des pauvres, M. Suard ajoute : « Si
» la piété de Marguerite avoit été aussi éclairée
» que sincère, elle eût été trop au-dessus de
» son siècle et de son sexe. »

Voilà une belle leçon pour les personnes qui n'ont pas pris l'habitude de peser toutes leurs paroles, puisque les qualités admirables et les actions sublimes de cette princesse sont ternies par une seule phrase ! Mais est-il aussi bien prouvé qu'elle ait eu véritablement le projet de se faire blanchisseuse, qu'il l'est qu'elle a fondé des colléges, des hôpitaux, et consacré sa fortune et sa vie aux pauvres ? Si

cette parole lui est échappée dans la conver-
sation, doit-on en conclure, comme *le sévère
auteur anglais*, que son *caractère fut cor-
rompu* ? Enfin si par la suite on fait la
conquête de la Turquie, pour aller établir
à Constantinople les lois, les mœurs et la
religion chrétienne, que penserons-nous donc
de cette expédition méditée il y a si long-temps
par Henri le Grand ?

L'un des plus étranges articles de cet ouvrage, est celui de *Brigite* Bendish (petite
fille d'Olivier Cromwell), du même auteur,
qui prétend d'abord qu'elle ressembloit autant
à son grand-père par le caractère que par la
figure.

« Elle joignoit, dit-il, à une contenance
» et à des manières pleines de dignité, un
» courage mâle et une persévérance infatigable
» dans ses résolutions. »
On sait que Cromwell n'avoit nullement
des manières *pleines de dignité*, et qu'au
contraire sa figure étoit basse, et son ton
très-familier. Quant au *courage mâle* de
Brigite Bendish, il consistoit à passer une
partie de ses journées avec des ouvriers qu'elle
faisoit travailler, et à ne dormir que quelques
heures. « Le soir (continue l'auteur) elle

» se rendoit à Yarmouth dans sa voiture,
» pour y briller dans la société la plus choisie,
» rendre des visites, s'occuper d'actes de cha-
» rité et de générosité, et expédier les af-
» faires les plus importántes. »

L'Auteur ne dit point quelles étoient ses affaires ; voilà tout ce qu'il raconte de Brigite Bendish, sans rapporter d'elle une seule mauvaise action, ni un seul trait qui puisse décéler un caractère ambitieux. Il ajoute ce qui suit :
« Elle affectoit une rigide piété, mais peut-être
» n'étoit-il point d'impiétés et de cruautés
» dont elle n'eût été capable, si les circonstances
» les lui eussent rendues nécessaires. »

Est-il possible, est-il permis de supposer une telle atrocité à une personne dont on convient non-seulement que la vie a été parfaitement innocente, mais dont on ne connoît que des actions pieuses, charitables et généreuses ? Voilà un étrange article !

Il est étonnant aussi que M. Suard emploie quelquefois des mots qui ne sont point français, comme *mysticisme*, et des expressions qui sont rejetées par les gens du monde, comme dans cette phrase, (article Betterton), « la
» goutte étant remontée *par suite* des remèdes,
» etc. »

S.   3

Par suite, expression employée dans les procédures, dont jamais un bon écrivain ne s'est servi, et qui d'ailleurs n'est point admise dans la société.

L'article d'*Auguste*, par M. Michaud, pouvoit être plus brillant, mais il est en général écrit avec sagesse et avec le ton qui convient à l'histoire, à l'exception de cette petite phrase : « *Octave ne pardonna point à Nep-*
» *tune* d'avoir favorisé Pompée dans quelques
» rencontres, et long-temps après il fit enle-
» ver sa statue du cirque. » On peut aussi critiquer cette autre phrase :

« Octave *reçut en faveur* le reste de la
» famille d'Antoine, et *n'usa plus de ses*
» *succès* qu'avec modération.

On ne dit point *reçut en faveur*, pour exprimer *recevoir en grâce*. Et l'on *n'use* point d'un *succès*, on en profite.

En traçant le portrait d'Auguste, l'auteur dit que ce prince *eut le grand avantage de rester froid et impassible au milieu d'un empire agité*. Il n'est guère croyable qu'un homme *froid et impassible* puisse acquérir l'empire du monde. D'ailleurs, le prince auquel les foiblesses de sa fille causèrent tant de chagrin, de colère, de ressentiment ;

le prince qui, après la défaite de Varus, fit éclater un si violent désespoir, n'étoit rien moins que *froid et impassible*. Dans un autre article, le même auteur parle ainsi de l'injuste condamnation de Barnave : « Il fut » conduit à *Paris*, et *parut* devant le tribunal » révolutionnaire, où son éloquence et sa » fermeté ne purent fléchir ses juges. »

On n'a jamais dit que la fermeté pût *fléchir*; les prières et non la fermeté peuvent *fléchir*. Cette critique, et toutes celles de ce genre n'ont rien de minutieux, car la chose la plus essentielle de l'art d'écrire est la parfaite propriété d'expressions.

Un défaut aussi très-commun parmi un grand nombre d'écrivains, c'est un tour de phrase amphibologique, comme par exemple dans cette phrase : « Un neveu..... qui par-» vient à s'introduire auprès de son oncle » déguisé en domestique. » Article *Avisse* de M. Auger.

Je répéterai encore ici, ce que j'ai dit dans ma précédente brochure, qu'on n'auroit jamais dû se permettre d'insérer dans ce Dictionnaire une multitude de petits contes scandaleux, surtout lorsqu'ils sont aussi peu vraisemblables et d'aussi mauvais ton que celui-ci : il s'agit du comédien Baron.

« Il avoit la manie de passer pour homme » à bonnes fortunes ; les bontés de beaucoup » de grandes dames pouvoient autoriser en » lui ce genre de fatuité (1). *Une fois* (2), » il s'avisa d'aller pendant le jour, *comme* » *compagnie*, chez l'une d'elles, *qui étoit* » *dans l'habitude de le recevoir la nuit.* » M. Baron, lui dit-elle *froidement*, que » venez-vous chercher ici? Mon bonnet de » nuit, répondit-il tout *haut.* »

La délicatesse et la finesse, comme on voit, ne forment pas le mérite de cette anecdote. Les gens du monde croiront-ils qu'une *grande dame* (quelles que puissent être *ses habitudes* particulières) soit capable d'une impertinence si grossière, et que Baron, dans un cercle, ait fait une telle réponse *tout haut?* Jadis le Kain est entré plus *d'une fois* dans un salon, et n'a jamais reçu cet étrange accueil ; quelle femme de la société recevroit ainsi Talma ou

____

(1) *Beaucoup de grandes dames !....*

(2) L'auteur affectionne cette jolie manière de commencer un récit ; il l'emploie communément, et plus *d'une fois*, dans ce même article.

Fleuri, etc., ou même non-seulement un artiste d'un rare talent, mais tout homme qui ne seroit ni un commissionnaire, ni un domestique; voici une autre anecdote du même article :

« La mère de Baron, comédienne aussi, étoit si belle, que *lorsqu'elle alloit voir la reine-mère* (1) à sa toilette, cette princesse faisoit enfuir toutes ses dames, en leur criant : *Voilà la Baron.* »

Croire que des femmes, qui ont prétention à la beauté, conviennent de concert, et ouvertement, qu'il en est une qui les efface, c'est bien connoître les femmes.

Imaginer qu'une reine *crie voilà la Baron,* et que *toutes* les dames du palais laissent la reine pour s'enfuir à toutes jambes, c'est bien connoître la cour. Si M. Auger avoit quelqu'idée des étiquettes de la cour, il n'auroit pas fait ce conte insipide et ridicule; il auroit su qu'une reine avoit deux manières de recevoir à sa toilette, l'une en représentation; la reine alors, entourée de ses dames, ne recevoit que les femmes présentées, et en *grand*

---

(1) Madame Baron, comédienne, *qui alloit voir la reine-mère,* expression bien convenable !

habit: l'autre manière étoit sans représentation; la reine n'ayant autour d'elle que ses
femmes de chambre, y admettoit quelquefois
des personnes non présentées; ainsi madame
Baron n'a pu faire *enfuir* toutes les dames du
palais, car elle n'a pu les trouver réunies à la
toilette de la reine. Enfin, ni une reine, ni
même une personne de bonne compagnie, en
parlant d'une actrice, ne dit son nom tout
court; il est reçu de le dire en parlant des
grands artistes, ce qui n'a rien de désobligeant
pour eux, c'est plûtôt une espèce d'hommage
qu'une familiarité; mais il est du plus mauvais ton, ancien et moderne, de désigner ainsi
les actrices les plus célèbres, et de dire la *Clai-
ron*, la *Doligni*, la *Duchesnois*, la *Mars*, etc.;
ce ton familier appliqué à des femmes est
ignoble, parce qu'il a quelque chose de licencieux, et tout Français bien élevé se l'in-
terdit naturellement. On retrouve, dans l'article du poëte *Bernard*, le bon goût, le talent de conter, et la délicatesse de M. Auger;
en voici quelques traits:

« Ce qui lui procura encore plus de gloire
» et de jouissance de toute espèce, ce fut son
» *Art d'aimer*…. Beaucoup de femmes cru-
» rent que le talent du poëte ne se bornoit

» point à décrire la volupté, et elles eurent la
» curiosité de s'en assurer. Bernard, âgé de
» plus de soixante ans, voulut, en certaine
» occasion, se comporter comme s'il n'en avoit
» eu que trente ; le lendemain matin, il alla
» faire sa cour à madame d'Egmont, qui le
» pria de répondre pour elle à un billet d'in-
» vitation, et il ne put venir à bout d'écrire un
» seul mot. »

Est-il permis, dans un ouvrage historique,
d'avoir un tel ton, et de conter de tels détails ?
Et certainement, l'agrément et la grâce n'en
feront pas tolérer l'indécence. Qu'on cherche
cet article et celui de *Baron* dans l'ancien dictionnaire, on y lira, avec plaisir, plusieurs
traits curieux qui ne sont point dans celui-ci,
et l'on n'y trouvera ni indécences, ni petits
contes absurdes et scandaleux.

M. Auger, admirateur passionné de Bayle
[dont il trouve que le style *a une allure
franche et vive* (1)], se récrie beaucoup sur

______

(1) Dans un autre endroit du même article, on dit
que le style de Bayle *est trop souvent diffus et lâche ;*
que devient donc *l'allure* franche et vive ? Il est impossible qu'un style diffus et lâche soit vif. L'auteur
ajoute encore que tous les livres lui étoient bons ; voilà
un singulier éloge !

.les *persécutions* qu'éprouva son dictionnaire,
auquel on reprochoit « 1°. de s'être permis des
» pensées et des expressions obscènes ; 2°. d'a-
» voir fait de l'article de David une espèce de
» diatribe contre ce roi ; 3°. non-seulement
» d'avoir rapporté tous les argumens des Ma-
» nichéens, mais de leur en avoir prêté de
» nouveaux., et de n'avoir réfuté ni les uns,
» ni les autres ; 4°. d'avoir eu le. même tort
» relativement à la doctrine du pyrrhonisme,
» dans l'article consacré au chef de cette secte ;
» 5°. d'avoir donné des louanges outrées aux
» athées et aux épicuriens (1). » M. Auger convient qu'il n'y avoit aucune exagération dans ces
accusations ; il est donc très-injuste. d'accuser
les adversaires de Bayle d'envie, de méchanceté, de *haine furieuse* que rien ne pouvoit
assouvir, et d'appeler des *persécutions* le scandale très-fondé que durent causer de telles erreurs, non-seulement aux gens religieux , mais
à tous ceux qui attachoient du prix aux bonnes
mœurs et à la morale publique.

M. Auger dit que l'auteur promit de faire

---

(1) M. Auger auroit dû ajouter : 6°. De se servir
de l'Écriture Sainte pour faire des allusions indécentes.

disparoître de son livre ce qui avoit blessé, mais qu'il aima mieux satisfaire le public que ses juges, et que son livre resta, à peu de chose près, dans le même état. Est-il donc singulier qu'on ait persévéré à blâmer ce dangereux ouvrage ? Le mécontentement devoit augmenté par une chose que rien n'excuse, un manque de parole.

L'auteur de l'article excuse toutes ces choses à sa manière ; il parle de Bayle comme s'il eût vécu familièrement avec lui ; il convient que son Dictionnaire est rempli de *termes grossiers et obscènes* ; mais M. Auger sait, à n'en pouvoir douter, que Bayle n'*y mettoit ni intention, ni plaisir, et que l'oubli des bienséances en étoit la seule cause ;* que d'ailleurs, *il étoit d'une chasteté à toute épreuve ;* qu'il *travailla quatorze heures par jour jusqu'à quarante ans,* et *qu'il avoua* (1) *que, depuis l'âge de vingt ans, il ne se souvenoit pas d'avoir eu un seul instant de loisir ;* et qu'*en tout, son caractère et sa vie furent dignes d'un véritable philosophe.*

____

(1) On fait *l'aveu* d'une faute, mais il est ridicule de dire que l'on *avoue* une chose louable ; cette continuelle impropriété d'expressions est bien étrange.

(42)

Non, car il a fait un mauvais usage de ses talens, puisque ses ouvrages sont remplis de choses contraires à la religion et à la morale. Dans les lettres, les succès réels et durables sont fondés sur des bases solides, l'utilité ou du moins la pureté des ouvrages. Le public veut estimer ce qu'il admire, et avec un peu de réflexion, il ne confond point la célébrité avec la gloire. Le temps n'ôte rien aux pierres précieuses, mais il ternit, il efface tout le brillant des diamans faux. Il en est ainsi des productions de l'esprit humain ; les sophismes ne parviennent à la postérité que dépouillés de leur éclat. Bayle est jugé depuis long-temps, et quiconque l'appelle un *véritable philosophe* déshonore, ou son jugement, ou la philosophie : au reste, cet article ne contient rien sur la vie de Bayle, mais on trouvera tous ces détails dans l'ancien Dictionnaire.

M. Auger dit, en parlant de du Belloy, que cet auteur tragique, dans sa jeunesse, *montroit à la fois l'instinct, l'amour et la connoissance de l'art dramatique.* Que signifie là *l'instinct* avec *l'amour et la connois-sance* ? Il n'y a plus d'*instinct* quand nous sommes déterminés ou guidés par l'amour et la connoissance, c'est-à-dire par un goût éclairé, réfléchi. L'instinct suppose toujours l'ignorance; l'instinct est une espèce de pressentiment délicat, qui nous entraîne, sans que nous sachions pourquoi, vers un objet que nous sommes faits pour aimer. Si M. Auger, en entrant dans la carrière des lettres, a cru céder à un heureux instinct, il se trompe; et s'il veut continuer, je lui conseille d'apprendre, avant tout, la valeur et la signification des termes; car c'est une chose qu'il ignore complètement. Il dit encore de du Belloy, qu'il *avoit acquis une grande instruction en histoire de France ; qu'il étoit modeste en propos*, et que son *talent, repréhensible à plusieurs égards, est bien loin toutefois d'être méprisable.*

Un *talent* ne peut être *méprisable* que par le genre ; le talent d'un joueur de gobelets ne sauroit être estimable. Mais dès qu'on reconnoît du *talent* dans un grand genre, dire que ce talent est méprisable, seroit une contradiction, un contre-sens. Il faudroit dire qu'on n'a point de talent, ou qu'il est médiocre, imparfait; il y a des nuances dans les talens, il y a *des manques* de quelques qualités désirables, qui souvent y produisent des imperfections; mais nul défaut positif ne constitue un talent, ce mot n'exprime proprement qu'un don de la nature, ou le fruit heureux du travail. Ainsi l'on ne doit pas dire un *talent répréhensible* dans le sens que M. Auger donne à cette expression *répréhensible*; il ne ne peut s'appliquer qu'au style, parce que le mot *talent* exprime tout seul un jugement favorable, un éloge, et que le mot *style* n'exprime rien sans une épithète. J'engage tous les jeunes littérateurs à bien réfléchir sur la valeur et la signification des mots et des expressions, c'est une étude qui demande du temps et de l'application, mais sans laquelle il est impossible de bien écrire.

L'article *Benserade* (de M. Auger) n'est pas d'un ton qui puisse rappeler celui de la cour de Louis XIV. On y dit que Benserade, dans sa jeunesse, « alloit faire sa cour à la » belle Rose, fameuse comédienne du temps, » et que ce fut *par suite* de cette liaison qu'il » composa plusieurs pièces de théâtre;.... que » l'amiral de Brezé, son allié maternel, l'en- » mena avec lui sur sa flotte, et fut tué sous » ses yeux;... que de retour à la cour, il obtint » plusieurs pensions, ce qui, joint aux bien- » faits de la reine-mère, et de *quelques dames*

» *riches et libérales* (1) , lui composa un
» revenu d'environ douze mille livres de rentes,
» et le mit *en état d'avoir un carrose* ;....
» qu'il étoit homme à bons mots, ou plutôt
» à jeux de mots et à *turlupinades,* etc. (2).»

Je supprime une anecdote sans aucun sel ,
et trop indécente pour la rapporter ici : tel est
l'article de *Benserade.* On voit que M. Auger
n'y a pas mis *une superfétation d'esprit* (3).
Jusqu'ici je n'ai critiqué que pour l'intérêt
de la morale et de la littérature , et des auteurs dont les écrits dispenseroient de toute
espèce d'égards si je pouvois m'en dispenser

---

(1) Un homme bien né , l'allié de gens d'une grande
naissance et qui étoit admis à la cour, ne recevoit des
bienfaits que des princesses du sang , et jamais *les
dames les plus libérales* n'ont imaginé de faire des pensions aux jeunes gens de la cour.

(2) On pouvoit citer de lui beaucoup de mots très-
fins et de forts jolis vers ; l'homme qui, pendant tant
d'années, sut plaire à Louis XIV, et qui contribua,
par son imagination , aux plaisirs brillans de cette
cour, pouvoit être un poëte fort médiocre, mais n'étoit
sûrement pas un bouffon grossier.

(3) Cette expression, d'un genre si noble et si gra-
cieux, est de M. Auger, qui l'a placée dans un *discours académique,* son *Éloge de Boileau.*

moi-même. L'un m'a attaquée de la manière la plus grossièrement injurieuse, avant que j'eusse écrit, même indirectement, un seul mot fait pour lui déplaire; les ménagemens les plus généreux, l'abandon total d'une critique si facile à faire, et toute faite (1), n'a servi qu'à le rendre plus envenimé, et plus insultant s'il pouvoit l'être. L'autre ne m'a répondu que par des injures personnelles; et comme je l'ai déjà dit, je ne lui répondrai jamais qu'en le citant. Pour faire justice de ses injures et de ses calomnies, il suffit de faire connoître au public ses jugemens, sa manière de conter, ses expressions favorites, son style et son ton (2).

Mais c'est à regret que je me vois forcée, par un intérêt qui n'a rien de commun avec la

-----

(1) Celle du Discours préliminaire de la *Biographie universelle.*

(2) Quoique M. Suard ait toujours été dans tous les temps fort malveillant pour moi, je ne le confonds assurément pas avec de tels littérateurs et de tels ennemis. Ses critiques les plus amères et les plus piquantes sont toujours adoucies par la politesse et l'usage du monde; il est incapable d'employer de basses expressions, et de se permettre d'odieuses personnalités.

littérature, de réfuter un article qui a excité, parmi un grand nombre de personnes de la société, une surprise d'autant plus désagréable, que le nom de l'auteur, sa franchise, sa loyauté, sembloient en promettre un tout différent. On avoit applaudi à ce jugement si juste et si bien exprimé sur le dernier maréchal de Biron : « Colonel des gardes françaises, » né le 2 février 1701, mort en 1778, intro-» duisit dans ce corps une discipline dont » l'oubli a donné lieu à d'inutiles regrets, et il » fut long-temps considéré comme le pa-» triarche et le modèle de l'armée française. »

Après cette notice, parfaite à tous égards, et d'une précision remarquable, on ne s'attendoit pas à trouver, sur le malheureux neveu du maréchal de Biron, l'article le plus injurieux et le plus injuste.....

L'auteur dit en parlant du dérangement d'affaires de M. de Lauzun, (dernier duc de Biron), *qu'il en étoit venu jusqu'à offrir des titres de cent mille francs pour obtenir vingt-cinq louis, qu'il ne trouvoit pas.* Qui croira que M. de Lauzun ne pouvoit pas trouver *vingt-cinq louis!* et qu'il ait jamais eu un besoin pressant d'une telle somme. Son valet de chambre auroit pu le tirer de cet

étrange embarras. M. de Lauzun, également
bienfaisant et magnifique, et destiné à jouir
d'une grande fortune, a sans doute, comme
tant d'autres jeunes gens, mal calculé ses dé-
penses; mais en blâmant quelques-unes de
ses prodigalités, il falloit le louer de n'avoir
point été joueur, dans un tems où cette fu-
neste passion étoit presqu'universelle ; il
falloit admirer la délicatesse qui dans ses
embarras d'affaires, l'empêcha toujours de
recourir à madame de Lauzun, dont la
fortune est restée parfaitement intacte.

Non-seulement sans nulle preuve, mais sans
vraisemblance, ainsi que sans vérité, l'auteur
de l'article dit formellement que l'on *envoya
M. de Lauzun en 1789, engager Rivarol
à publier un libelle contre la cour.* Il est
impossible de prouver que l'infortuné qu'on
accuse de l'avoir *envoyé*, ait fait faire *des
libelles :* ceux qui l'ont connu ne le croi-
ront point, et d'ailleurs, M. de Lauzun
n'étoit pas un homme que l'on *envoyât*
ainsi comme un agent subalterne, ni qui fût
capable de se charger d'une aussi vile com-
mission. Enfin, l'auteur, avec la même légèreté,
sans tâcher de s'appuyer sur la moindre
autorité, sans chercher à fonder son opinion,

et sans former de doutes , impute à M. de Lauzun des actions honteuses et perverses, et des crimes atroces, pleins de bassesse !...... Si lors que le malheureux duc de Lauzun existoit, un ennemi eût voulu le calomnier, il l'auroit accusé d'une folie audacieuse à laquelle il auroit eu l'art de donner quelqu'air de grandeur , afin de rendre la calomnie vraisemblable, et jamais, à moins d'une maladresse étrange , il n'aurait essayé de noircir un caractère si franc, si généreux, si chevaleresque, en lui supposant des sentimens inhumains et bas.

L'auteur de cet article, indigne de lui, n'a point connu M. de Lauzun, il n'a parlé que sur quelques *oui-dires* qu'il étoit fait pour mépriser et pour rejeter; l'estime qu'on a pour l'écrivain ne fait voir qu'une erreur et de la légèreté dans un jugement odieux par lui-même. On sent, en lisant cet article, que par une sorte d'instinct d'honnêteté, il a été écrit péniblement et en même temps avec une extrême négligence; on n'y trouve ni l'agrément , ni le style et le naturel aimable de beaucoup d'autres morceaux sortis de la même plume (1).

____

(1) Comme, par exemple, dans cette phrase : « Il

C'est un usage bien contraire à l'urbanité française, que cet empressement de juger les morts,
nos contemporains, ou pour mieux dire, c'est
un reste de la licence des jours affreux dont le
règne actuel a fait oublier la barbarie et les
malheurs. Ce n'est pas pour honorer la mémoire de ceux que nous avons perdus, mais au
contraire, pour la flétrir, et souvent pour leur
ôter le merite réel de leurs meilleures actions,
que presque tous les biographes et les éditeurs
de mémoires et de lettres de si fraîches dates,
se hâtent de publier ces ouvrages et des notices
remplies d'inexactitudes et de faussetés. C'est
ainsi que, dans un champ de bataille, après
une grande déroute, quelques-uns de ceux qui
survivent, guidés par la cupidité, vont se jeter
sur les morts, non pour leur rendre les derniers honneurs, mais pour les dépouiller. Hé-
las ! les infortunés qu'on accuse, ont en effet
péri au milieu des plus sanglans combats, et la
plupart privés de sépulture !.... L'orage a dis-
persé leurs cendres. La foudre, en éclatant, a
détruit, anéanti pour eux jusqu'au dernier asile

» fut mis à la tête des armées républicaines, où du
» moins il *retrouva l'estime de lui-même* et des autres
» en défendant son pays. »

du malheur , la tombe silencieuse et pai-
sible !.... Qui peut avec justice juger ces déplo-
rables victimes ! qui connoît les détails, les intentions secrètes ! Les illusions qui purent ex-
cuser leurs fautes ? On sait qu'il est des faits po-
sitifs et des actions que rien n'excuse ; mais du
moins faut - il que les preuves en soient irrécu-
sables, et dans ce cas même, il n'est jamais
permis d'ajouter légèrement un blâme de plus
à de justes flétrissures, ce seroit distiller du
poison sur une plaie déjà mortelle. Pour calomnier la vertu, il faut avoir autant d'audace que
de perversité ; il y a de la lâcheté à calomnier
les coupables.

Les souverains seuls, aussitôt qu'ils ont rendu
le dernier soupir, appartiennent à l'histoire ;
les ouvrages de littérature appartiennent au
public, chacun peut légitimement les juger à
son gré pendant la vie et après la mort des auteurs ; mais la bienséance, l'équité, l'humanité défendent également d'attaquer l'honneur
et la réputation des particuliers peu de temps
après leur mort : si le jour du deuil n'est pas
le jour des louanges, il doit être du moins
celui du silence. Déshonorer avec si peu de réflexions et d'examen la mémoire de nos contemporains , c'est insulter de la manière la plus

sensible leurs familles, et ceux qui les ont aimés ; et quand les torts imputés avec tant de légèreté auroient été réels, ne seroit-il pas toujours inhumain de renouveler ou d'aggraver des douleurs maternelles, de troubler le respect filial, d'imprimer la honte sur le front d'un époux heureusement abusé jusqu'alors, de dénouer peut-être dans l'intérieur des familles, des liens sacrés devenus douteux, et d'ôter à l'amitié le noble orgueil de sa fidélité, et la seule consolation d'une perte irréparable (1)? D'ailleurs, où prend-on les matériaux de ces notices flétrissantes? on ne les tient certainement pas de ceux qui pourroient seuls en donner de véridiques, c'est-à-dire des parens et des amis ; ce sont donc des indifférens (qui n'avoient aucun intérêt d'approfondir des choses qu'ils ne savoient que confusément), ce sont des ennemis et des libelles qui les ont fournis !.... Quant aux *Lettres* et aux *Mémoires*, on peut dire sans nulle exagération qu'on n'a jamais vu de scandale aussi révoltant (2). Ces ouvrages sont des dépôts sacrés, ou des héri-

______

(1) Ceci s'applique surtout à la publication scandaleuse des lettres et des mémoires qui se succèdent si rapidement depuis quelques années.

(2) Mon indignation à cet égard est tout à fait dé-

.tages frauduleusement enlevés avec tant d'autres dépouilles à leurs légitimes possesseurs (1). Et qui nous assure que des mains usurpatrices et mercenaires, toujours infidèles, n'ont rien ajouté à ces écrits ? Qui ne sait pas qu'une calomnie de plus attachée à quelques noms connus, ne peut manquer de contribuer à l'espèce de succès des ouvrages de ce genre ? En admettant qu'on n'y ait fait aucune addition, leur prompte publicité a toujours les plus grands inconvéniens. Si l'on eût fait paroître *les Lettres* de madame de Sévigné aussitôt après sa mort, que de ressentimens elles eussent excités ! combien on eût trouvé de méchanceté dans ces portraits malins, ces anecdotes, ces moqueries, ces médisances qui n'étoient, dans une correspondance secrète et si in-

____

sintéressée, car jusqu'ici je n'ai été désignée dans ces ouvrages que d'une manière obligeante.

(1) C'est ainsi que j'ai perdu beaucoup de manuscrits, entr'autres des lettres originales de Henri IV, à Gabrielle d'Estrées, et des lettres originales aussi du duc de la Rochefoucault (l'auteur *des Maximes*), à mademoiselle de Sillery, sa nièce. Ces deux précieux manuscrits me venoient de l'héritage de madame la maréchale d'Estrées ; j'en ai parlé, il y a long-temps, dans un de mes ouvrages ; ce qui, sans doute, a empêché de les publier.

time, que des légèretés excusables ! mais elles auroient profondément blessé des personnes existantes, et les plaintes eussent été fondées. Il faut plus d'un demi-siècle pour que ces ouvrages puissent offrir aux historiens et aux biographes d'utiles matériaux ; après ce grand nombre d'années les haines particulières et l'esprit de parti n'existent plus ; tous les mémoires du temps ont successivement paru ; on peut alors les comparer les uns aux autres, et par un examen impartial et réfléchi, rejeter des imputations contradictoires, concilier des opinions diverses, supprimer des mensonges évidens, et n'admettre que des faits ou certains ou du moins probables. Ce n'est qu'ainsi que l'on peut juger sainement, surtout lorsqu'il s'agit de condamner des actions, dont soixante ans plutôt tous les témoins auroient été suspects. C'est pourquoi, jusqu'à nos jours, on n'avoit parlé des personnages morts récemment que pour honorer leur mémoire ; nul écrivain ne s'étoit permis de contredire les panégyriques prononcés sur les tombeaux, car l'écho des voûtes sépulcrales n'a jamais répété que des éloges ; il est vrai que le siècle où l'on a le plus fait de satires et de libelles, est aussi celui où l'on a le plus abusé du droit innocent de louer ; mais les éloges les plus emphatiques ne trompent personne, toute leur exagération est dans leur style, dans des expressions trop fortes ou trop pompeuses. Il n'en est pas ainsi des satires remplies de récits mensongers ; le génie du mal est tout de feu, il est à la fois infernal et créateur ; la haine trop souvent ingénieuse et féconde suppose des faits, et sait donner de la vraisemblance à l'imposture, tandis que le plus grand effort de la bonté est de supprimer ce qu'il faudroit blâmer ; la bienveillance n'a point d'imagination, elle n'invente rien.

On conviendra avec plaisir que l'on trouve dans cette même livraison de la Biographie, plusieurs articles excellens à tous égards, sur quelques uns de nos contemporains, entr'autres ceux du prince de Bauveau (1), du cardinal de Bernis (2), de madame du Bocage (3), de Blin de Sainmore, et de M. de Beaumont, archevêque de Paris (4).

Un assez grand nombre d'articles des temps

____

(1) Par M. *de Lalli-Tolendal*.

(2) M. *de Félez*.

(3) Madame *de Vanoz*.

(4) M. *de Treneuil*. C'étoit ce vertueux archevêque, ce héros de la charité chrétienne, ce père des pauvres,

anciens, ne méritent pas moins d'éloges. L'article de *Saint Bernard* (de M. Gallais), est un des meilleurs de l'ouvrage. On lira aussi avec un vif intérêt celui de *Saint Bernard de Menthon*, fondateur de l'hospice qui porte son nom (par M. Tarabaud), article touchant et embelli par une citation heureuse de quelques vers de M. de Lille.

La princesse la-plus vertueuse et du plus grand caractère du treizième siècle, la reine Blanche, a trouvé un historien digne de l'apprécier, et capable de la peindre dans un petit nombre de pages. L'un de nos plus ingénieux moralistes s'écrie :

Amas d'épithètes, mauvaises louanges, ce sont les faits qui louent et la manière de les raconter. — La Bruyère.

Cette manière est parfaite dans l'article de Blanche (de M. Fiévée); elle excite en faveur de la princesse qui en forme le sujet, une admiration qui va jusqu'à l'enthousiasme. Heureux qui peut inspirer un tel sentiment pour ce qui est grand et vertueux! M. de Beauchamp, avec le style d'un bon écrivain, et les sentimens d'un bon français, a tracé une esquisse très-agréable

---

que d'Alembert appelle dans ses Lettres au roi de Prusse, *un monstre mitré.*

de la vie du chevalier Bayard. Les bornes d'une brochure ne permettent pas d'entrer dans le détail de tout ce qu'on pourroit louer encore dans ces deux volumes.

Il est impossible de juger sur une deuxième livraison, un livre qui doit être au moins en 5o volumes. Mais ce qu'on peut dire, c'est que si les auteurs *de la Biographie universelle* ne s'entendent pas mieux à l'avenir, l'ouvrage, faute de plan et de liaison, restera le moins accueilli de tous les Dictionnaires historiques, et le moins utile, parce qu'il sera trop diffus et trop volumineux pour être consulté avec fruit ou commodité.

Jamais il n'y aura d'accord dans une association composée de 85 hommes de lettres; et cette harmonie, qu'on n'a jamais vue, seroit aujourd'hui un phénomène plus incompréhensible que dans aucun autre temps, car depuis 25 ans, la littérature est divisée en autant de *sectes*, qu'il y a eu d'écoles diverses (1) : on a dit que la réunion des collaborateurs de la Biographie avoit produit un grand bien, celui d'un *traité de paix* entre tous les gens de

____

(1) On ne parle jamais dans cette brochure que des *principes* purement *littéraires*.

lettres; 1°. Tous les littérateurs d'un grand talent ne sont point associés à cette entreprise, ainsi donc la guerre n'est pas finie, et tant mieux ; dans ce genre, elle est non-seulement utile, mais nécessaire ; elle seule peut affermir le triomphe du goût et de la raison ; 2°. cette paix universelle est une pure chimère. Des gens de lettres qui se haïssent peuvent bien se rapprocher et s'unir d'intérêt, mais en se réconciliant sincèrement, ils n'en gardent pas moins leurs idées, leurs opinions et leur manière de voir. En politique, on peut renoncer de bonne foi à ses opinions, parce que ces opinions doivent nécessairement se modifier ou changer suivant les temps, les lieux et les diverses formes de gouvernement. Il n'en est pas ainsi des opinions littéraires, formées par notre éducation, nos études, et qui sont devenues nos pensées habituelles. Car, sans que nous, nous en rendions compte, elles se mêlent à tous nos jugemens, elles ont une extrême influence sur notre vie entière. Combien il est important que ces premières études soient bonnes ! elles étendront où elles obscurciront nos lumières naturelles ; elles perfectionneront ou elles dépraveront notre esprit et notre goût. Il y a beaucoup plus de moralité dans les bons principes purement lit-

téraires qu'on ne le croit ; car par une loi su-
prême, bien digne d'admiration, tout précepte
vrai, de quelque genre qu'il soit, renferme
quelque chose de moral, et tout précepte est
faux lorsqu'il n'offre ni moralité, ni résultat
utile ; l'ignorance absolue en littérature n'exclut point le mérite, parce qu'elle n'exclut point
la raison. Tandis que les mauvaises études (non
les études seulement négligées, mais celles qui
sont fondées sur de mauvais principes) cor-
rompent le jugement, elles surchargent dange-
reusement la mémoire, parce qu'elles y dépo-
sent autant d'erreurs et de fausses conséquences
que de souvenirs ; leur plus grand succès est
d'aiguiser l'esprit en le faussant, et de faire des
sophistes subtils.

Je ne parle ici que des études faites dans les
temps malheureux d'une décadence entière,
nous n'en avons point vu de telles ; six ou sept
années d'anarchie n'ont pu produire en France
un tel bouleversement. Mais il est de fait que
la pureté des principes littéraires a du moins
souffert (dans les classes même de nos écoles)
beaucoup d'altération; ce mal est réparé : cependant il en reste toujours, sur certains points littéraires, une fâcheuse diversité d'opinions
parmi les gens de lettres.

Le style d'un écrivain se forme nécessairement d'après ses études et ses jugemens sur les
auteurs qu'il a lus. Si un homme de lettres
avoit le malheur d'être persuadé que M. le
Brun est un plus grand poëte que J.-B. Rousseau, il n'y auroit point de réconciliation avec
les littérateurs d'une opinion contraire qui pût
lui ôter cette idée. Et si dans l'effusion du plus
tendre racommodement, il promettoit avec une
parfaite sincérité de faire un digne éloge de J.-
B. Rousseau, il promettroit au-delà de son pouvoir, car il seroit hors d'état de sentir les véri-
tables beautés de ce grand poëte.

S'il existoit un homme de lettres qui eût assez
peu réfléchi pour dire d'un grand écrivain,
précisément tout le contraire de ce qu'il en
falloit dire, et qui par exemple en parlant de
M. de Buffon, eût écrit que *dans Buffon, la
majesté, la dignité, ne se familiarise jamais,*
et que *cette pompe craindroit de tempérer
un instant son éclat* (1); si un tel homme
existoit, il auroit beau se réunir à des gens
de goût, il n'en trouveroit pas moins que dans
les œuvres de M. de Buffon, l'article de l'*Anon*

____

(1) *Journal de l'Empire,* 11 août 1811, *article
signé* **T.**

(si renommé par sa gentillesse) est plein de *pompe* et de *majesté*, et que les articles *tour-terelles*, *colibri*, *rats*, *souris*, *sapajou* etc., sont également *majestueux* puisqu'il a déclaré que la *majesté* de Buffon ne se *familiarise jamais*, et que *sa pompe craint de tempérer un instant son éclat*. Il résulteroit de ce jugement, s'il étoit fondé, que M. de Buffon seroit le plus mauvais et le plus ridicule de tous les écrivains; car il falloit que l'historien de la nature et des animaux eût surtout dans son style une admirable souplesse, qu'il sût varier à l'infini sa manière d'écrire, afin de l'assortir à tant de descriptions diverses; il falloit enfin, pour offrir cette multitude prodigieuse de tableaux différens, que la palette du peintre fût magique, et que ses couleurs fussent inépuisables comme la nature, et c'est ce que les vrais littérateurs admirent particulièrement dans l'histoire des animaux. Cet ouvrage est une véritable poétique et la meilleure que nous ayons, on y trouve tous les genres de style. M. de Buffon, comme écrivain, restera toujours un modèle parfait (1).

____

(1) L'attachement que l'auteur de cette brochure devoit à M. de Buffon, et le respect qu'il conservera

Il est possible qu'une centaine de gens. de
lettres, divisés d'opinions littéraires, mais hon-
nêtes et bien nés, se rassemblent dans un
salon, s'embrassent avec cordialité, et se par-
donnent mutuellement quelques traits malins
et satiriques ; ce seroit là certainement un
spectacle agréable et touchant. Mais n'auroit-
on pas, envie de rire si toutes ces personnes
s'engageoient sérieusement à n'écrire désormais que dans les mêmes principes ? c'est-à-
dire à n'avoir qu'un même esprit et une même
manière de voir et de juger ? Une réunion
d'opinions est donc une chimère entre quatre-
vingt-cinq littérateurs. Douze ou quinze personnes tout au plus suffisoient à cette entreprise.

Quel a été le but des chefs de cette grande
association ? Nous avions des multitudes de
Dictionnaires d'hommes célèbres : le dernier
étoit généralement estimé et très-volumineux.
Que nous annonçoit-on en nous promettant

---

toujours pour sa mémoire, ne lui permettoit pas de
passer sous silence le jugement étrange que l'on vient
de citer. On espère qu'un autre collaborateur de la
Biographie universelle sera chargé de faire cet important article dans les volumes qui doivent paroître.

un ouvrage *entièrement neuf* ? Qu'il seroit meilleur que tous les autres, parce qu'on avoit plus de talent que les premiers auteurs : c'est à quoi se réduisent toutes les phrases du prospectus. *Nous avons plus d'esprit, nous écrirons mieux , nous jugerons mieux :* voilà tout le fonds du prospectus et du discours préliminaire. Ces promesses sont bien séduisantes, et je suis persuadée qu'elles ont été faites de bonne foi. Peu d'auteurs osent parler d'eux-mêmes avec cette candeur ; mais la modération n'est communément en eux qu'une dissimulation de bon goût : le fonds de la pensée est presque dans tous à peu près le même.

Les nouveaux biographes ne pouvoient se distinguer des autres qu'en travaillant d'après un système nouveau dans ce genre ; comme par exemple, en se proposant dans la vie des personnages historiques un but bien marqué et par conséquent bien uniforme , et s'appliquant dans celle des littérateurs à faire une critique fondée sur les mêmes principes et sur les mêmes vues ; alors, en supposant que les auteurs eussent écrit avec la pureté et la concision nécessaires, l'ouvrage eût sans doute été aussi intéressant qu'utile. Ce plan excluoit les anecdotes apocryphes, les historiettes et les contes puérils.

Un tel livre n'est pas fait pour amuser les lecteurs frivoles ; et c'est une prétention bien vaine que de chercher à leur plaire dans un ouvrage en quarante volumes : il falloit donc n'écrire que pour les lecteurs capables d'application, pour ceux dont le suffrage récompense les travaux estimables ; et ceux-là, dans des livres d'un genre aussi grave, préféreront toujours à un joli trait une réflexion solide, ou un résultat instructif et frappant.

On pouvoit faire encore (et c'est ce qu'on fera certainement un jour) un *Dictionnaire épuré*, c'est-à-dire dont on auroit retranché tous les personnages obscurs, faits pour rester dans un éternel oubli, et toutes les assomantes énumérations d'ouvrages que l'on nous donne en convenant qu'il est impossible et inutile de lire tous ces mauvais livres. Alors on auroit pu s'étendre davantage sur les auteurs du premier et du second ordre, sur les personnages célèbres ou dignes de l'être ; on n'auroit point fait d'article tronqué ou de remplissage. L'ouvrage, infiniment moins volumineux, eût été plus véritablement complet ; nous n'en aurions point de plus instructif et de plus utile, en supposant que le style en fût pur, clair, soigné, que les principes en fussent uniformes et bons.

Je sais parfaitement d'avance que ces réflexions sur la *Biographie* vont renouveler contre moi des petits libelles, des petits articles injurieux, etc.; me répondre ainsi, c'est me donner un grand triomphe. Si mes critiques ne valoient rien, elles n'inspireroient pas tant de colère; et sans s'occuper de ma personne, on se borneroit à les réfuter avec ordre et clarté, sans en passer une seule sous silence. J'aurois craint, il y a vingt-cinq ans, de m'engager dans une telle discussion; mais trente-six ans d'une réputation littéraire fondée sur l'estime due à des ouvrages utiles à l'enfance, à la jeunesse, et aux intentions les plus droites, les plus pures et les mieux soutenues; me mettent à tous les yeux, ainsi qu'aux miens, fort au-dessus des clameurs et des ressentimens de MM. Auger et Ginguené. Je continuerai donc mes observations critiques tant qu'il paroîtra de nouveaux volumes de la *Biographie*; car

> . . . . Il mio cor mai non teme
> Di non dar fine a cosa che cominci.
>
> ARIOSTE.

FIN.

DE L'IMPRIMERIE DE CELLOT.